Klaus Wagener

Susanne Mansfeld

Ja, ich will!

Die schönsten Dekoideen für die Hochzeit

BLOOM'S by Ulmer

Herausgeber BLOOM's GmbH, Ratingen

Konzept Susanne Mansfeld, Marion Hennig

Text/Redaktion Susanne Mansfeld, Karen Meier-Ebert, Carolin FIscher

Art Direction Marion Hennig

Grafik Mandy Schubert

Bildredaktion Renate Haller

Gesamtredaktion Hella Henckel-Bruckhaus

Floristische Leitung Klaus Wagener

Floristik/Styling Team 'profil floral'

Herstellung Gordian Jenal, Bettina Münch

Titelbild Braut & Bräutigam Magazin

Fotos Patrick Pantze-Werbefotografie GmbH, Lage;
BBH: S. 92; Braut & Bräutigam Magazin: S. 90, S. 119;
www.pixelQuelle.de: S. 9, S. 133; www.sxc.hu S. 134, S. 137;

Druck Egedsa, Sabadell (E)

Wollgrasweg 41
70599 Stuttgart (Hohenheim)
E-Mail: info@ulmer.de
www.ulmer.de

ISBN: 978-3-8001-5347-3

Verliebt, verlobt, verheiratet! Bis es endlich soweit ist, vergehen für die meisten Brautpaare wunderschöne Monate voller Aufregung und Spannung. Das Traumkleid wird ausgesucht und anprobiert, Blüten für den Strauß und die Dekorationen gewählt. Schon die Entscheidungen zu treffen, ist ein Genuss: Möchte ich als romantische Märchenprinzessin vor den Altar treten? Oder liebe ich es klassisch weiß? Gebe ich ihm das Ja-Wort in feurigem Rot? Betone ich am Hochzeitstag unsere Begeisterung für modernes Design? Oder wünschen wir uns ein fröhliches, unkompliziertes Fest?

In diesem Buch finden Sie Anregungen rund um Dekorationen, Festtagstische und Brautpaare für jeden Wedding-Style, stimmungsvolle Ideen, praktische Tipps und viele Informationen. Damit es der schönste Tag im Leben wird!

White Wedding

Seite 6 **Ganz in Weiß, so sehen sich kleine Mädchen vorm Altar. Klassische Sträuße, Tische im traditionellen Stil und viele Accessoires machen Ihren Kindertraum wahr.**

Seite 32 **Das Feuer der Liebe lodert am schönsten Tag in warmen Farben. Mit Brautschmuck und Dekorationen in Rottönen versetzen Sie Bräutigam und Gäste in glühende Begeisterung.**

Simply Red

Funny Girl

Seite 56 **Fröhlich und unkompliziert das schönste Fest der Liebe feiern. Am allerliebsten unter freiem Himmel mit vielen Gästen, bunten Blumen und einer strahlend schönen Braut.**

Romantic Dream

Modern Life

Service

Ganz in Weiß **Der Klassiker für den schönsten Tag im Leben hat viele Töne: Creme, Perlmutt, Champagner, Elfenbein oder Reinweiß. Im 19. Jahrhundert begann der Siegeszug von Weiß für Bräute. Die Farbe der Unschuld wirkt besonders frisch, wenn man sie mit einer Prise Grün, dezentem Grau oder Silber würzt.**

White Wedding

Aus guter Tradition Eine echte Kelly-Bag, statt fünf angesagter In-Handtaschen, ein Opernabend mit „La Traviata“, das sinnliche Gefühl, über einen edlen Holztisch zu streichen oder ein raffiniertes viergängiges Menü mit prickelndem Champagner: Klassiker haben immer Saison und was wäre klassischer als eine Hochzeit ganz in Weiß. Wenn es für immer sein soll!

Brautblüten

Strahlend frisch blühen liebliche Maiglöckchen, üppige Hortensien oder elegante Lilien in den Händen der aufgeregten Braut. Unschuldig weiße Blüten sind die perfekte klassische Ergänzung zu einer Hochzeit im traditionellen Brautkleid. Und der Garten der Natur hält eine große Auswahl weißer Blumen bereit.

Ganz pur Eine ganze Handvoll der liebenswerten weißen Blütenglöckchen sind zu einem runden Brautstrauß gebunden. Allein fliederfarbenes Drahtband bildet einen leichten farblichen Kontrast zu dem klassischen Strauß für eine Frühlingshochzeit.

Maifrisch

Ganz versteckt verbergen sie im Garten ihre zarten weißen Glocken. Maiglöckchen läuten endgültig den Frühling ein und betören die Braut mit ihrem süßen Duft.

Maifrisch

←**Runde Sache** Der runde Maiglöckchenstrauß wird umwunden von glitzerndem Zierdraht, in dem Perlen schimmern, einem Kranz aus Brautmyrte und duftiger Spitze.
→**Tütenweise** Aus wertvoller Spitze sind kleine Tütchen gebunden und mit Maiglöckchen gefüllt. Viele von ihnen mit rosafarbenem Satinband zusammengebunden ergeben einen zauberhaften Brautstrauß.

„Dein Leben sei der verlängerte Mai, deine Ehe die verlängerte Liebe." **Jean Paul**

← **Duftig** Transparentes Organzaband betont die fließende Form des Brautbuketts, in dem Lilien, Rosen, Schleierkraut und Efeu eine charmante Verbindung eingehen.

→ **Feuerwerk** Sprühend vor Glück ist die junge Braut mit dem runden Lilienstrauß, dessen Blüten auf einem Brautstraußhalter befestigt sind und mit zartem Asparagusgrün aufgelockert werden.

Wissenswert

Duftig weiße Spitze – als Kleid oder Schleier – gilt als traditionelles Material für die Brautgarderobe und ist seit dem Barock „en vogue". Taucht es auch in Ihrem Kleid auf, verbindet Sie Ihre Wahl mit der weißen Hochzeitsrobe der Infantin von Portugal, Gattin von Ferdinand III, die diese im 17. Jahrhundert der Mutter Gottes weihte. Solche Kleider kosteten damals ein Vermögen, deswegen beschränkten sich die meisten Bräute auf einen Schleier oder eine Mantille, einen kurzen Schulterumhang.

Unschuld

Reinheit und Unschuld – mit diesen Attributen bedenkt man die elegante Lilie. Im Brautstrauß beweisen die edlen Blüten Stilgefühl.

Schimmer

Wie bei einer Perle, die aus ihrer Muschel erlöst wurde, strahlt die Braut heute ganz frei und unverborgen.

← **Pretiosen** Die duftenden Blüten der Kranzschlinge haben einen wertvollen Mittelpunkt bekommen: Kleine Perlchen schimmern im Innern der Blumen, die zu einem schlichten runden Strauß auf einen Halter gesteckt sind.

→ **Sternenglanz** Einem weißen Stern gleich strahlt dieser runde Strauß: Üppige Blütentuffs von weißen Hortensien künden von Fülle und Überfluss. Am Kranz, der sie umfängt, sind kleine weiße Perlen angedrahtet. Du bist der Stern an meinem Himmel!

„Es blitzt ein Tropfen Morgentau im Strahl des Sonnenlichts; ein Tag kann eine Perle sein und ein Jahrhundert nichts.“ **Gottfried Keller**

← **Glitzernd** Ein außergewöhnlicher Brautschmuck, der sicher alle Blicke auf sich ziehen wird: Ein zartes Netz aus Maiglöckchen überzieht das tropfenförmige Geflecht aus Silberdraht, das an einem Ring getragen wird.
→ **Üppig** Strahlend schöne Gerberablüten stehen im optischen Mittelpunkt dieses Tropfenstraußes. Verschiedene kleine weiße Blüten bilden den Hofstaat. Ein klassisch schöner und doch ungewöhnlicher Brautstrauß.

Accessoire *Tipp*

Sind Sie noch auf der Suche nach der perfekten Frisur für den schönsten Tag? Zum klassischen Look passt zum Dutt aufgestecktes Haar. Rundum durchgestylt und besonders festlich wird der Look, wenn sie sich vom Floristen ein Kränzchen aus den Blüten Ihres Brautstraußes arbeiten lassen, und es mit Nadeln im Dutt befestigen.

Formvollendet

Üppige Blütenpracht perfekt in Form gebracht. Klassische Tropfensträuße betonen die fließenden Linien langer Brautkleider.

Kirchenschmuck

Festliches Ja-Wort Feierliche Orgelmusik braust auf, die Festgäste staunen, Schwiegermütter zücken das Taschentuch und der Bräutigam steht aufgeregt am Altar, während er die Braut erwartet, die durchs blumengeschmückte Kirchenschiff schreitet. Gerade bei diesem unvergesslichen Moment der Hochzeit soll es blühen!

→ **Wegweiser** Eingerahmt von Kränzchen aus Clematis-Fruchtständen weisen Lilien den Weg. Sie schmücken in hohe Japanische Flügelknöterich-Stängel gesteckt den Weg und bilden ein festliches Spalier zum Altar.

Traut euch?

Der Traum in Weiß wird Wirklichkeit. Die schönsten Blumen sind Trauzeugen beim feierlichen „Ja!"

Traut euch?

Wissenswert

Nimm diesen Ring zum Zeichen ... Schon vor mehreren tausend Jahren war ein Ring – damals oft aus geflochtenem Gras – Zeichen der Eheschließung. Seine Form, kein Anfang und kein Ende, symbolisiert gestern und heute die Ewigkeit und damit die Unvergänglichkeit der Ehe. Am Ringfinger der rechten Hand getragen, ist er durch eine Vene direkt mit dem Herzen verbunden.

← **Für immer ...** Ein Kranz, ohne Anfang und ohne Ende, schuppenförmig aus Silberpappelblättern gesteckt, spricht ohne Worte die Bedeutung des Versprechens aus, das sich das Paar hier gibt. Paarweise angeordnete Kugeln aus Schleierkraut und aus Rosen symbolisieren Braut und Bräutigam.

→ **... und ewig** Den festlich gestimmten Gästen wird der Weg auf ihre Plätze mit kleinen Kränzchen gewiesen, die mit zarten weißen Rosenknospen gefüllt sind.

Tischblüten

Tafelfreuden Weißer Damast, durchscheinendes Porzellan und Kerzenglanz auf altem Silber. Wer es traditionell liebt, mag diese wertvollen Materialien. Rittersporn, Orchideen oder Lisianthus greifen die Festlichkeit des Augenblicks gekonnt auf.

← **Silberschimmer** Wer für eine große Festgesellschaft keine silbernen Serviettenringe zur Hand hat, hilft sich mit Ringen, die er aus festem Fotokarton ausschneidet und mit Sprühkleber und Blattmetall kurzerhand selbst „versilbert".

→ **Sommergruß** Weißer Sommerrittersporn spielt auf diesem Tisch die erste Geige: In hoch aufstrebenden Gestecken und kugelförmig gestecken Arrangements, die als Kerzenhalter dienen.

Klassisch

Die Tradition lebt und es gibt keinen schöneren Tag, sie zu genießen, als den Tag der Hochzeit. Edle weiße Blüten und symbolträchtige Myrtenbäumchen schmücken die klassische Tafel.

Klassisch

Deko Tipp

Fünf Mandeln geben italienische Brautpaare ihren Gästen als liebe Erinnerung an ein gelungenes Fest mit auf den Weg. Bei sommerlichen Temperaturen sicher besser als ein Stück Buttercremetorte. Eine nette Anregung, auch diesseits der Alpen den Gästen mit einem winzigen Präsent eine Prise Feierlaune mit in den Alltag zu geben.

← **Unter die Haube** ist hier auf jeden Fall das kleine Myrtenbäumchen gekommen, das in einem silberfarben besprühten Topf und unter einer Glasglocke mit etlichen seiner Artgenossen symbolhaft die Festtagstafel schmückt. Schon in der Antike trugen Bräute Myrtenkränze – als Zeichen von Glück und Fruchtbarkeit.

„Die Myrte der Liebe gedeiht nur im Garten der Treue." **Aus Russland**

Deko Tipp

Krönen Sie Ihre Hochzeitstafel mit blühenden Kerzenleuchtern. Befestigen Sie dafür auf einen Untergrund aus Dschungelmoos einzelne Blütenblätter der Osterlilie mit weißem Klebeband am Leuchter. Zum Schluss die Schneebeeren in die Öffnung füllen und weiße Stabkerzen einstecken.

← **Haltbar** Statt Schnittblumen schmücken wertvolle Phalaenopsis-Orchideen mit Topfballen den Tisch. Weiße Schneebeeren verdecken die Erde und sind ein schöner Effekt. Als optische Verbindung werden weiße Blütenblätter aufs Tischtuch gestreut.

Königlich

Majestätisch thronen die cremeweißen Blüten der edlen Orchideen über der festlichen Tafel. Nur die Schönheit der Braut an ihrem Ehrentag übertrifft sie noch.

Autoschmuck

Frischer Start Der Fahrtwind weht dem glücklichen Paar ins Gesicht und zaust ein wenig frech am Schleier der Braut. Das Glück der beiden bleibt niemandem verborgen und sie können der ganzen Welt fröhlich zuwinken.

→ **Opulent** ist die Persenning des Cabrios geschmückt: Mit weißen Rosen, Lilien, duftigem Schleierkraut, Hortensien und Frauenmantel – ganz in Weiß, genau wie die Braut.

Open Air

Keine Angst vor Regenwolken: Für das glückliche Paar strahlt die Sonne heute vom wolkenlosen Himmel. In vollendeter Farbharmonie ist das flotte Cabrio geschmückt – ein gelungener Start ins Eheglück.

Open Air

Wissenswert

Scheppernde Blechdosen, die das Paar in die Flitterwochen begleiten, haben ihren Ursprung in den Füßen. Die galten nämlich früher als hocherotisch und als Symbol für Liebesglück und reichen Kindersegen. Um ihnen die besten Wünsche mit auf den Weg zu geben, band man deshalb den Brautleuten Schuhe und Blechdosen an die Kutsche. Nur die Dosen sind heute von diesem Brauch geblieben.

← **Bekränzt** Aus Schleierkraut gewunden, schmückt ein großer Kranz, der am Außenspiegel befestigt ist, die Wagentüren und greift dabei die klassische Ringform auf.
→ **Unendlich** Die typischste Form, die für das Eheversprechen steht, haben sich die Floristen auch hier als Vorbild genommen: Ein versilberter Holzreif hält das Organzaband, das bei der Fahrt im Wind flattert.

Feuerfarben Gibt es eine Farbe, die die Liebe besser symbolisiert als Rot? Die Farbe des Blutes steht für wahre Leidenschaft. Die tiefen Gefühle, die die Braut mit ihrem Liebsten verbindet, begleiten auch ihren gemeinsamen Festtag – in allen Abstufungen von feurigem Signalrot über Koralle bis zu dunklem Pink oder Weinrot.

Simply Red

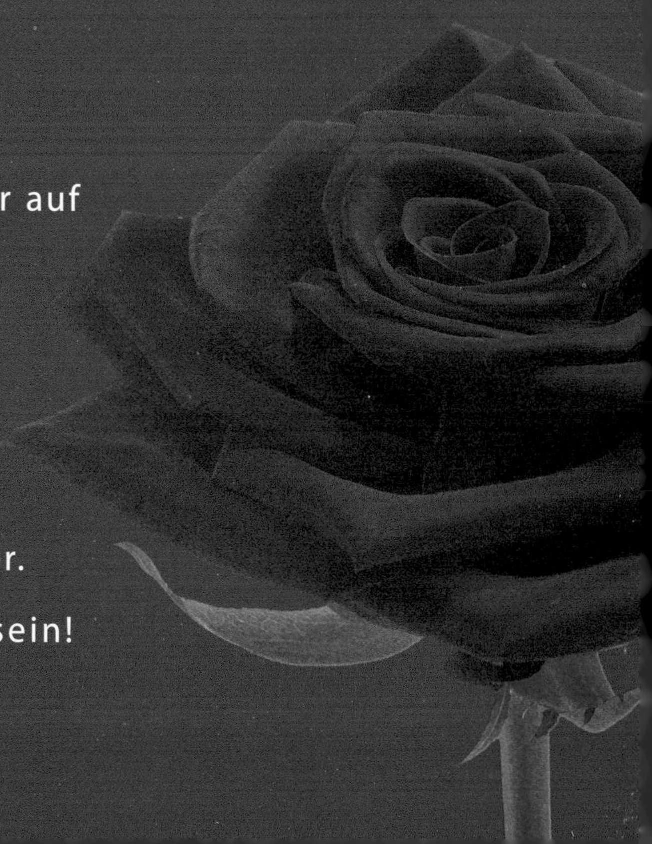

Mit allen Sinnen! Dezent und zurückhaltend soll er auf keinen Fall sein, der schönste Tag im Leben, findet manch eine Braut. Aus ihren Gefühlen macht sie keinen Hehl, tiefroter Lippenstift ist immer in ihrer Handtasche und ein Abend im angesagten Club mit neuen Highheels gibt ihrem Lebensgefühl neues Feuer. Es gibt Momente im Leben, die müssen einfach rot sein!

Brautblüten

Ein Feuerwerk an Blütenpracht begleitet die feurige Braut zum Traualtar. Rote Rosen, die Klassiker in Sachen Leidenschaft, stehen an erster Stelle. Ebenfalls begehrt sind orangerote Ruhmeskrone, blaurote Iris oder Orchideen in der Farbe der Liebe.

Wohlgerundet

Üppig, sinnlich und rot: Brautsträuße in sinnlichen Rundungen sind Weiblichkeit pur. Völlig klar, was die Botschaft dieses Festes ist: All you need is love!

Wohlgerundet

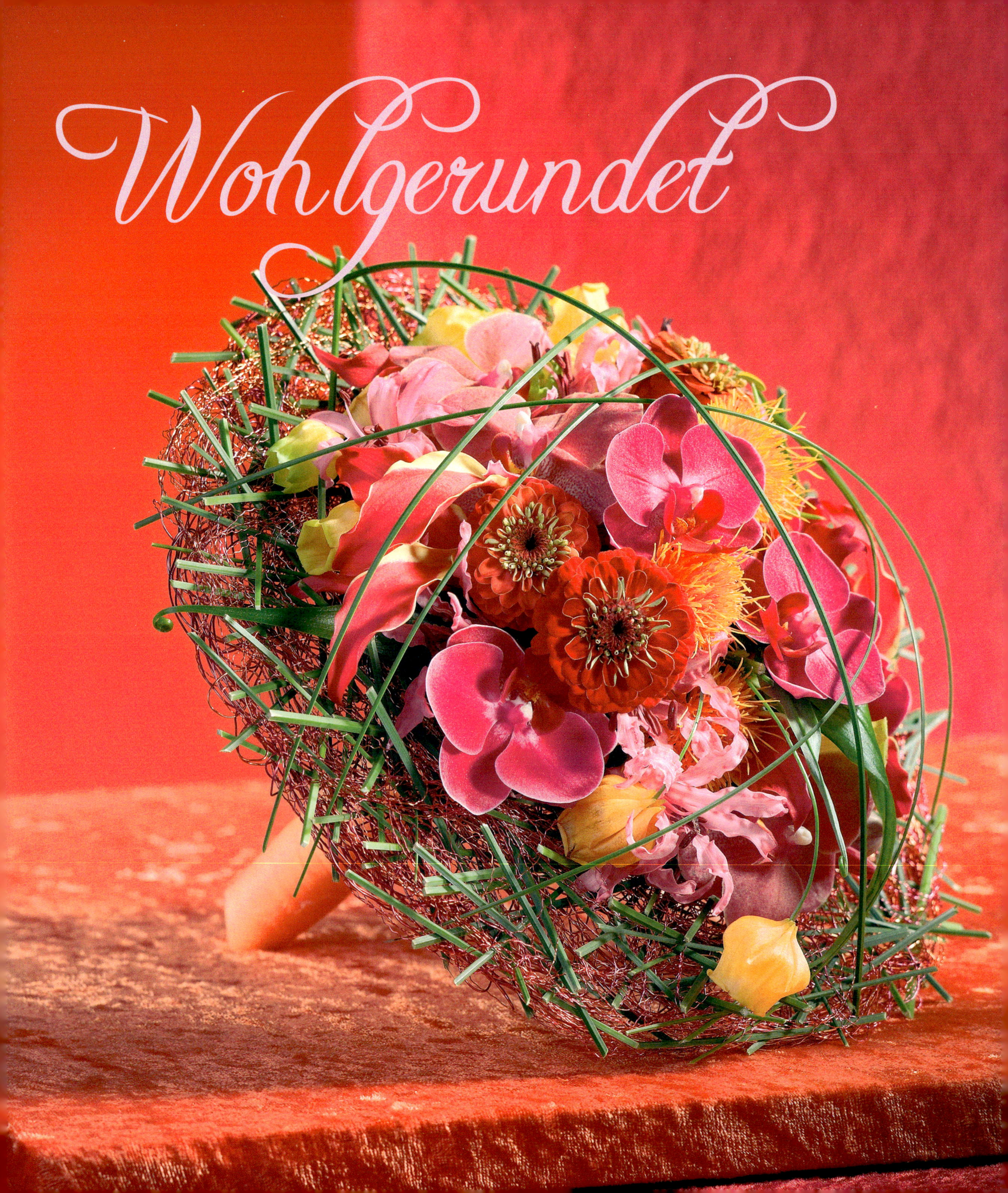

←**Temperamentvoll** verbinden sich Zinnien, Ruhmeskronen, Orchideen und Nerinen in allen Tönen der Rotskala zu einem tellerförmigen Strauß, den eine breite, bunt verzierte Drahtmanschette einrahmt.
→**Kompakt** und wohlproportioniert: Dieser Brautstrauß ist alles andere als alltäglich. Nelken dicht an dicht und von einer Grasmanschette umrankt, bei der aufgefädelte Perlen die Farbe der Blüten wiederholen.
↓**Samtig** schmiegt sich ein glutrotes Rosenblatt neben das andere zu einer Glamelie, bei der einzelne Blätter zu einer üppigen Blüte gefasst werden. Ein weicher Federkragen bildet den Rahmen. Wer würde nicht gerne einmal über die faszinierende Oberfläche streichen!

„Eheleute, die sich lieben, sagen sich tausend Dinge, ohne zu sprechen.“ Aus China

←**Vitaminreich** präsentiert sich die Manschette, die den Brautstrauß aus strahlend roter Gerbera hier hält: Allerlei fruchtig rote Beeren umfangen die strahlenden Blumen und verbreiten Sommerflair einen wunderschönen Festtag lang.
→**Tutti frutti** mit Rosen und Ranunkeln – dieser Strauß gibt temperamentvollen Bräuten die nötige Power. Rund gebunden zeigt er köstliche Erdbeeren, aromatische Brombeeren und kleine Hagebutten.

Accessoire Tipp

Vom Strauch direkt in den Brautstrauß: Was für eine Karriere für ein kleines Früchtchen! Beeren, Äpfelchen und kleine Zitrusfrüchte schmecken nicht nur, sondern sind auch originelles Accessoire im Bukett. Damit Sie Freude an der Zusammenstellung haben, sollten die Früchte nicht zu weich sein, damit es keine Flecken auf der Festtagsgarderobe gibt. Zu schweres Obst lässt sich ebenfalls nicht so gut einbinden.

Früchtetraum

Die süßesten Früchte schmecken auch im Brautstrauß. Für den Bräutigam gilt vorerst: Naschen verboten!

Früchtetraum

Accessoire Tipp

Statt Samt oder Seide können auch Blüten oder Blätter den malerischen Untergrund für die Eheringe bilden. Lassen Sie sich die Ringe, die den Bund fürs Leben besiegeln, von einem Kissen anreichen, das zu Ihrem Brautstrauß passt. Hier glänzen die zwei goldenen Reifen auf Beeren und Früchten, die das fruchtige Straußthema aufgreifen.

← **Gespinst** Draht bildet den Untergrund des tropfenförmigen Brautstraußes. Kleine Zweige und hunderte von Ilexbeeren leuchten auf. Aufgerollte rote Rosenblätter und ein vergoldeter Rosenfruchtstand sind die Highlights des Prachtstücks.

→ **Farbspiel** Zur reizvollen Reise quer durch die Palette der Rot- und Pinktöne lädt dieser runde Brautstrauß. Alpenveilchen sind mit Zieräpfelchen, Efeufrüchten und Johanniskrautbeeren kombiniert.

←**Südsee-Look** Unkompliziert aber dennoch wirkungsvoll ist eine Brautfrisur, bei der die Haare offen bleiben und mit einzelnen exotischen Blüten geschmückt werden. Passend zum Brautstrauß verwandeln rote Phalaenopsis-Orchideen die Braut in eine hawaiianische Schönheit.

→**Regenwaldflair** verbreitet der Strauß, in dem Orchideen, Bougainvilleen, Celosien, und Tillandsien asymmetrisch abfließen. Die Blätter einer Echeveria-Rosette gibt den Blüten als Basis Halt. Rhipsalis-Ranken erinnern an Lianen.

Accessoire*Tipp*

Einigkeit können Sie als Brautpaar demonstrieren, wenn Sie den Reversschmuck für Ihren Liebsten auf Ihren Blütenschmuck abstimmen. Passend zum exotischen Look von Brautstrauß und Accessoires schmückt er sich mit einer roten Phalaenopsis-Orchidee, die auf Rhipsalis gearbeitet ist.

Exotisch

Flitterwochen an Südsee-stränden und gemeinsame Expeditionen in tropische Regenwälder: Exotische Blüten in Rot machen Lust auf das Abenteuer Ehe und versprechen eine aufregende Zeit.

Widerspenstig

Geschafft: Der Widerspenstigen Zähmung ist geglückt, die Braut hat ihre Stacheln eingefahren und lässt sich zum Altar führen.

← **Schutzschild** Eine Manschette aus Proteenblättern schützt fragile Cymbidium-Orchideen – ganz so wie der heutige Tag das zarte Pflänzchen Liebe schützen wird.
→ **Stachelig** Achtung, ich bin gut gewappnet! Ganz schön extravagant ist solch ein floraler Handschuh und damit ganz genau das Richtige für extrovertierte Bräute. Einzelne Nelkenblütenblätter sind dabei auf rotem Satin befestigt und wirken wie blühende Stachel.

Accessoire Tipp

Diamonds are a girl's best friend – aber es gibt Alternativen, die Aufsehen erregen! Setzen Sie modische Highlights mit Blumen, statt mit Gold, Silber und glitzernden Diamanten. Aus den Blütenblättern der Nelken und einfachen Kunststoffrohlingen lassen sich extravagante Ohrclips fertigen, die perfekt zum Blumenschmuck passen und eine feurige Alternative zu floralem Haarschmuck sind.

Autoschmuck

Aus der Pole-Position ins Eheglück. Temperamentvolle Bräute lassen nichts anbrennen und starten mit über 300 PS. Rasant brausen sie vorm Standesamt mit ihrem Traummann los, um zu sehen, wie die Zielfahne für ihr Liebesglück geschwenkt wird. Damit Gäste und Passanten wissen, warum das Paar in Feierlaune ist, ist der flotte Flitzer festlich geschmückt.

→ **Ton in Ton** mit der Lackierung und den Blüten auf der Motorhaube setzen kleine Perlchen Akzente beim Autoschmuck. Auf Draht gefädelt werden sie in die auffällige Floristik eingearbeitet.

Rassige Kurven

Rassig und feurig wie der heiße Ofen, der mit Pferdestärken nur so protzt, ist auch der Schmuck, der die Motorhaube ziert und allen ankündigt: „Here comes the bride!“

Rassige Kurven

„Das Glück muss man entlang der Straße finden, nicht am Ende des Weges.“ David Dunn

← **Feuer** unter und auf der Motorhaube! Helikonien wurden mit Peddigrohr, aufgefädelten Perlen und Gräsern gebündelt und auf dem sportlichen Flitzer befestigt. Autoschmuckhalter mit Saugnäpfen halten sicher und Lack schonend.

→ **Heißer Reifen** Ob er der Braut die Tür aufhält? Geschmückt mit Peddigrohr, Perlen und Gräsern, ist das Öffnen auf jeden Fall ein Genuss. Bei der Fahrt flattert duftiger Tüll im Wind.

Tischblüten

Einladung zum Fest der Sinnenfreude! Der schönste Tag im Leben glänzt nur so vor Genuss und Pracht. Heute soll an Luxus und Prunk nicht gespart werden. Rot in allen Nuancen und Schattierungen ist die perfekte Ausstattung für diese Inszenierung.

→ **Lichtinseln** Schlichte rote Gläser werden mit Eukalyptusblättern bekränzt, mit kleinen, glutroten Dekoherzchen verziert und mit Stumpenkerzen bestückt. In kleinen Gruppen besonders wirkungsvoll!

Barock

Eine Hochzeitstafel wie auf den Gemälden der Alten Meister. Opulente Tafelfreuden strahlen in Purpur und Gold. Wie in fürstlichen Gemächern liegt der Schimmer von Kerzen über üppigen Blumenarrangements, goldenem Porzellan und dem tiefen Glanz von rotem Wein in Kristallkelchen.

Barock

←**Schwelgen** in prächtiger Blütenfülle: Pfingstrosen, Ranunkeln, Jasmin, Rosen, Tulpen, Lilien und Schneeball übertreffen sich schier gegenseitig an Schönheit. Gemeinsam in einem niedrigen Glasgefäß verheißen sie genussvolle Tafelfreuden.

→**Kunstvoll** sind Galaxblätter mit Dekoperlen zu kleinen Blüten zusammengebunden und schmücken die festliche Tafel. So wirken sie richtig schön üppig.

Deko Tipp

Zwei Fliegen mit einer Klappe geschlagen: Wenn Tischkarten so charmant mit Paillettenband befestigt sind, findet jeder seinen Platz sofort. Und wer im Laufe des Abends mal den Stuhl tauscht, hat sein Glas immer bei der Hand.

↓**Rubinrot** leuchtet das Glas, in dem kleine Gestecke die Pracht ihrer großen Vorbilder zitieren. Mit dabei sind Disteln und duftender Thymian. Edel geschliffene Teelichtgläser nehmen den glut-roten Schimmer auf.

→**Malerisch** Die edlen Pokale quellen fast über vor üppiger Blütenfülle. Das Gesteck aus Lilien, Pfingsrosen, Ranunkeln, Tulpen, Jasmin, und vielem mehr bietet alle Nuancen, die es zwischen Rosa, Rot und Purpur gibt – ein wirkungsvoller Kontrast zu den schwarzen Gefäßen.

„Komm schnell, ich trinke Sterne!“

Dom Pierre Perignon

Barock

Sommersonne Farben, die mit der Sonne und dem glücklichen Strahlen der Braut um die Wette leuchten, sollen die Hochzeit des unkomplizierten Brautpaares schmücken. Warmes Gelb, frische Zitronen-Nuancen, sanftes Orange und alle sommerlichen Töne sorgen das ganze Fest über für super Laune bei den Gästen!

Funny Girl

Happy Day! Wer barfuß über Wiesen läuft, im Kino lauthals lacht und beim Bummel über den Wochenmarkt Arme voller Blumen mitbringt, mit dem kann man Pferde stehlen! Sonnige Gemüter möchten die Freude über die große Liebe mit allen teilen. Das ausgelassene Fest kann ruhig unter freiem Himmel stattfinden: Die Braut wird wie die Sonne strahlen!

Brautblüten

Unkompliziert und liebenswert, so sehen Blumen aus, die Funny Girls mögen: Margeriten, Sonnenhut und Sonnenblume lachen aus fröhlichen Blumengesichtern, Chrysanthemen und Dahlien scheinen mit der Sonne um die Wette zu strahlen, und der gelbe, kugelige Trommelschlägel macht einfach gute Laune.

Kugelrund

Diese Braut ist rundum glücklich, das sieht man auf den ersten Blick. Wie ihren Brautstrauß wird sie ihr Glück mit beiden Händen festhalten.

Kugelrund

←Blumengesichter Ausschließlich Korbblütler, wie Zinnien, Sonnenbraut, Rudbeckie, Sonnenblume und Mädchenauge werden auf einen kugelförmigen Brautstraußhalter gesteckt. Der Stiel ist mit Satinband umwickelt und so gut in der Hand zu halten.

→Tropfen Die fröhlichen Blütenbälle des Trommelschlägels sind teils gesteckt, teils netzartig zu einem heiteren tropfenförmigen Strauß verarbeitet. Ungewöhnliche Accessoires und originelle Akzente sind der Schmuckdraht und gelbe Kabelbinder, die die Blütenstiele zusammenhalten.

„Nichts Schöneres unter der Sonne, als unter der Sonne zu sein."

Ingeborg Bachmann

Acccessoire Tipp

Ein schlichter Strauß am schönsten Tag Ihres Lebens – das kommt Ihnen nicht in die Tüte? Für Experimentierfreudige gibt es jede Menge Alternativen. Wie wär's denn stattdessen mit Taschen, Körbchen, Stolen, Kränzen, Kugeln oder Muffs für die Braut? So ein Körbchen, das der Florist aus mit Halskraut besetztem Steckschaum, Margeriten und Kordel anfertigt, ist das Richtige für eine Braut, die auch beim Ja-Wort den Schalk im Nacken hat.

← **Natürlich** Wer ist denn da über die Sommerwiese spaziert und mit einem Arm voller Blumen für Verliebte heimgekommen? Der Strauß aus Margeriten und einer federigen Grasmanschette ist genau das Richtige für junge und jung gebliebene Bräute, die es unkompliziert mögen.

→ **Häkellook** Beim zweiten Hinschauen erkennt man: Hier baumelt der Brautstrauß in Form einer Tasche von der Schulter. Gehäkelt ist das originelle Stück aus Gimpe, aus der Öffnung spitzen kleine Zweige von Schleierkraut. Auf der Tasche sind Seidenblümchen befestigt. Die fröhlichen 70er sind wieder da!

Er liebt mich...

... er liebt mich nicht? Die Zeiten der ersten aufgeregten Verliebtheit sind vorbei, heute geben wir uns das Ja-Wort. Er liebt mich!

Verbandelt

Spaß am Außergewöhnlichen? Wer unkompliziert und humorvoll ist, lacht auch gerne mal über sich selbst und entscheidet sich für ausgefallenen Brautschmuck mit Bändern und einem Schmunzeln.

Accessoire Tipp

Bänder machen fröhlich! Glänzende Satinbänder, bunte Kordeln, flatternder Chiffon und lustige Zackenlitze bringen Bewegung und eine Prise gute Laune in schlichte Brautsträuße. Verarbeiten Sie sie auch in die Kränzchen der Blumenkinder, beim Wagenschmuck und natürlich bei der Tischdekoration: Schon wirkt alles wie aus einem Guss.

← **Extravagant** Spaß am Experimentieren? Wer ein schlichtes Brautkleid trägt, kann ihm mit diesem ausgefallenen Armschmuck Pfiff geben! Grannenlilienblätter, Bartnelke, Rosen und Nerinen ranken sich um den Arm der Braut. So braucht sie sich an ihrem Festtag keine Sorgen darüber zu machen, wo sie den Brautstrauß ablegt.

→ **Flatterhaft** Dieser Strauß bringt Schwung in die Hochzeitszeremonie: Sommerblüten in allen Farben des Regenbogens sind zu einem wasserfallartigen Bukett gebunden. Einige sind sogar an den bunten Bändern befestigt, die im Strauß stecken.

← **Sonnengruß** Wer's natürlich liebt, wird diesen Brautstrauß mögen und für den schönsten Tag im Leben auswählen: Tagetes, ganz ländlich, ist schlicht zusammengebunden. Eine festliche Note bekommt das Bukett durch die Chiffonmanschette. → **Feldfrüchte** werden die Braut schmücken. Bei einem Spaziergang übers Feld lässt sie sich zu ihrem Strauß inspirieren. In eine Tüte aus Kornähren ist ein Strauß aus Rosen, Sonnenauge, Zinnien, Rudbeckien und Sonnenblume gearbeitet. ↓ **Charmant** Passend zum ländlichen Look wurden bunte Blüten auf einem Haarreif befestigt. Jetzt sitzt der Schmuck auf der frechen Zopffrisur der Braut.

„Die schönsten Erinnerungen sammelt man immer zu zweit." Luise Rinser

Wissenswert

Weizenkörner, Reis oder Erbsen wirft die Festgesellschaft auf dem Land dem glücklichen Paar nach: Glücksgetreide nennt man dort diese Wurfgeschosse, die vor allem reichen Kindersegen prognostizieren. Glück bringen auch Äpfel, die die Braut den Kindern zuwirft.

Country Look

Ein Fest auf dem Lande: Heute wird alles aufgetischt, was der Garten hergibt, und alle Blumenbeete werden geplündert, um Haus, Hof und den Tanzboden festlich herauszuputzen. Die schönsten Blüten schmücken die Braut!

Good day, sunshine

Wer strahlt schöner, die Braut oder die Sonne am Himmel? Blüten, die das Lachen des Himmelskörpers nachahmen, sind angetreten, um diesen fröhlichen Wettkampf zu schmü

Accessoire Tipp

Händeschütteln, Umarmungen, Geschenke entgegen nehmen – als Braut haben Sie den ganzen Tag viel zu tun. Aber wohin mit dem Brautstrauß? Kleinere Sträuße lassen sich in die Tischdekoration integrieren und schmücken in einer passenden Vase den Platz der Braut. Hängende Exemplare dekorieren Sie am besten höher, so dass sie wirken können, ganz in Ihrer Nähe oder am Geschenktisch. Und Einzelblüten liegen effektvoll auf einem Kissen – Wasser in einem Röhrchen hält sie frisch.

← **Sonnig** Eine frische Auswahl von sommerlichen Blüten bildet den Strauß, in dessen Mittelpunkt kleine Sonnenblumen stehen. Satinbänder in Sonnenfarben unterstreichen den Charme des lockeren, fröhlichen Straußes.

→ **Prachtexemplar** Nur eine einzelne Sonnenblume – und dennoch etwas ganz Besonderes: Schimmernde Perlen in vielen Gelbtönen sind auf dem Blütenboden befestigt und verpassen der ländlichen Gartenblume festlichen Glanz. Genauso wie das Blatt aus Drahtgeflecht.

Autoschmuck

Der Sonne entgegen! Ein vor Optimismus schier platzendes Brautpaar, eine Hochzeitsgesellschaft in bester Partylaune und auf geht's ins Eheglück – aber vorher bringt der sonnige Kugelporsche Braut und Bräutigam noch in den Honeymoon.

Retrochic Schmuck fürs Armaturenbrett wie in den 60ern, als Mutti und Vati zum Picknick kutschierten. Wer keine serienmäßige Vase hat, gibt die fröhliche Sonnenblume in ein Reagenzglas, das mit Saugnapf befestigt wird.

Bahn frei!

Das Hochzeitsgefährt blitzt strahlend gelb in der lachenden Sonne. Fröhliche Blüten schmücken den Flitzer.

Bahn frei!

←**Allover** Wer wird denn nur die Motorhaube schmücken? Die Bälle der Trommelschlägel-Blüten ziehen sich wie ein Band über den ganzen Wagen. Gelbe Kabelbinder sind nicht nur praktisch und geben der Dekoration Halt. Sie sorgen auch für eine humorvolle Note.

→**Runde Sache** Genauso kugelförmig wie der freche Flitzer ist der Schmuck fürs Armaturenbrett: Sonnenblumen, dicht an dicht auf einen Autoschmuckhalter gesteckt, sorgen beim Fahrer für gute Laune.

Accessoire Tipp

Der Weg von der Kirche oder vom Standesamt zum Festsaal macht noch mal so viel Freude, wenn Sie ihn mit all Ihren Gästen als Kolonne fahren. Lassen Sie von lieben Helfern rechtzeitig kleine Blumendekorationen und bunte Schleifen, passend zum Schmuck des Brautwagens, verteilen, um die anderen Wagen zu schmücken. Der beste Zeitpunkt ist kurz vor der Trauung, wenn alle aufs Brautpaar warten. Bunt geschmückt, hupend und jubelnd kommen auch Ortsfremde sicher zum Sektempfang!

Geschenke

Blumige Helfer Im jungen Haushalt fehlt es noch an allen Ecken und Enden, allerhand Praktisches steht auf der Hochzeitsliste, damit das Paar den Ehealltag bewältigen kann. Pfiffige Dekorationen, die grünen und blühen, verwandeln Haushaltsgeräte in überraschende Geschenke.

Vitamine brauchen frisch gebackene Ehepaare für den aufregenden Alltag unbedingt. Die Zitruspresse schmückt sich zum Ehrentag mit einem Kranz aus Sommerblumen.

Gestatten! Ich hole Ihnen nicht die Kartoffeln aus dem Feuer, aber die Nudeln aus dem kochenden Wasser. Heute begrüße ich Sie mit einer Gerbera im Reagenzglas.

Rasensprenger Gartenarbeit will gelernt sein. Das Bärenfellgras im Wasserschlauch könnte auch ein Gutschein sein: „Wir helfen euch bei euren allerersten Schritten als eifrige Freizeitgärtner!“

Bitte Platz nehmen! Der mobile Gartenstuhl schafft schnell einen Platz an der Sonne. Das Staudenpolster aus Fetthenne als vermeintliches Sitzkissen weist auf seine Bestimmung hin.

Putzfimmel Die Bürste fürs Grobe hat sich fein gemacht. Sommerblumen in Orchideenröhrchen könnten ein Gutschein sein für einen gemeinsamen Frühjahrsputz.

Tischblüten

Gute-Laune-Garantie An diesem Tisch vergessen alle Gäste ihre Alltagssorgen und feiern fröhlich und ausgelassen mit dem Brautpaar. Gelbe Blüten mit Sommerflair, von der Gerbera bis zum Löwenmäulchen, schmücken die festliche Tafel.

Lichtblicke

Schlicht aber stimmungsvoll werden zahlreiche einfache Stumpenkerzen auf der Tafel verteilt. Damit sie farblich perfekt ins Bild passen und die Tischwäsche geschützt ist, stehen sie auf Kreisen aus Spanplatte, die im passenden Gelbton mit Wandfarbe gestrichen wurde.

Strahlend

Wie keine andere Blumenfamilie erinnern Korbblütler mit ihren fröhlich runden Blütengesichtern an die Sonne. In optimistischen Gelbtönen schmücken sie diese unkomplizierte Hochzeitstafel.

Strahlend

Deko Tipp

Keine Tafel ohne Servietten! Während bei der unkomplizierten Party mit Büfett fröhlich bunte Papierservietten passend sind, gehören auf eine festliche Hochzeitstafel Stoffservietten. Wer nicht genug Exemplare aus Leinen oder Damast im Schrank hat, kann passend zur Deko für diesen Anlass Servietten aus einfachem Baumwollstoff nähen. Gut gestärkt tun sie durchaus ihren Dienst. Statt Serviettentasche schützt sie hier eine Hülle aus Organza-Bandschlauch, die von einer Blüte – passend zur Dekoration – geschmückt wird.

← **Blütenpracht** In Übertöpfen aus mattem Glas stecken Kuppeln voller Blüten. Zinnien, Sonnenblumen, Ringelblumen, Dahlien, Rudbeckien oder Phlox: alles erinnert an einen strahlenden Sommertag.

→ **Fruchtig** Statt genauer Tischkarten weist hier eine Karte darauf hin, welcher Freundeskreis sich an diesem Tisch blendend amüsieren wird. Sie steckt in einer sonnig gelben Melone – funny girls sind halt immer für einen Spaß zu haben.

← **Verbunden** Ein breites Satinband in strahlendem Gelb flattert über den Tisch und hält die einzelnen Dekorationselemente optisch zusammen. Bei Sonnenschein ist alles schnell unter freiem Himmel aufgebaut.
→ **Pöttchengarten** Einfache Tontöpfe, zitronengelb gestrichen, werden erst mit Grassoden gefüllt. Dann werden Stumpenkerzen oder unterschiedliche gelbe Sommerblumen befestigt: Zinnien, Gladiolen, Sonnenblumen oder Löwenmäulchen.

„Das Glück kann man nicht zwingen, aber man kann es wenigstens einladen.“
Attila Hörbiger

Grüne Wiese

Fürs Picknick im Gras ist es noch zu kühl? Na, dann kommt die Natur halt in kleinen Töpfchen mitten auf den Tisch. Mit Gras, Moos, Blüten und Früchten.

Zauberhaft Romantikerinnen betrachten das Leben am liebsten durch die rosarote Brille, bauen Luftschlösser ins Firmament und schauen Schmetterlingen hinterher. Auch am schönsten Tag im Leben schwelgen sie in Pastelltönen von Flieder, über Resedagrün, Vanillegelb, Zartblau, Apricot und natürlich Rosé.

Romantic Dreams

Endlich Prinzessin! Der gläserne Schuh sitzt wie angegossen und der Märchenprinz ist wachgeküsst? Wer Hollywoodromanzen nicht ohne Taschentuch anschaut, duftende Rosen liebt, dem Funkeln von Kristallen kaum widersteht und den Kleiderschrank voller luftiger Blumenkleider hat, möchte einmal im Leben Prinzessin sein.

Brautblüten

Aus Floras Reich Ein Füllhorn voller bunter Gaben leert sich aus. Nostalgische Blüten in zarten Farben, duftige Wicken, Schleierkraut oder historische Rosen setzen duftigem Chiffon und edler Spitze die Krone auf. Verspielte Sträuße, Stolen und blütenreicher Haarschmuck lassen romantische Träume wahr werden.

Märchenhaft

Es war einmal ... ein Traum von einer Märchenhochzeit. Romantischer Blumenschmuck mit zarten Blüten in fantasievoller Form lässt ihn Wirklichkeit werden und verwandelt moderne Frauen in Prinzessinnen.

Wissenswert

Offenes Haar galt als Symbol der Freiheit junger ungebundener Mädchen. In den meisten Kulturen ändert sich das mit der Ehe: Das Haar wird unter der Haube versteckt und verwirrt nicht mehr die Sinne anderer Männer. Erinnern Sie daran mit einem Augenzwinkern und Blütenschmuck im Haar.

Märchenhaft

← **Verlockend** Eine Miniaturausgabe der Stola, aus Chiffonband gefertigt, schmückt die Lockenpracht der Braut.
→ **Blütenmärchen** Locker über den Arm geschlungen, scheint die florale Stola das Hochzeitsgeschenk einer Patin aus dem Feenwald zu sein. Das Prachtstück wurde ganz auf Chiffon gearbeitet. Die Stola löst garantiert die Begeisterung der Gäste aus, wenn die Braut durchs Kirchenschiff zum Altar schreitet.
↓ **Rosentraum** Perückenstrauch ist die Basis, auf der die alte englische Rose „Charles Austin", Lavendel und duftende Wicken wie zu einer Rosenhecke verwoben sind. Perlen, auf Draht aufgezogen, setzen schimmernde Glanzpunkte.

„Wir sind Engel mit nur einem Flügel. Um fliegen zu können, müssen wir uns umarmen."
Luciano de Creszenzo

← **Versponnen** Was auch immer böse Feen im Schilde führen mögen: Diese Spindel ist der Schlüssel zum Glück und eine märchenhafte Variante des klassischen Brautstraußes. Rosen, Lavendel, Rosmarin, Strandflieder, Schmucklilie und Leuchterblume sind mit Perlen und Draht um einen Stab gewickelt und mit Bändern geschmückt.

→ **Verborgen** hinter einer hundertjährigen Dornenhecke scheinen die wertvollen Blüten dieses kleinen Brautstraußes. In einem perlenverzierten Golddrahtgespinst verstecken sich edle Orchideen-Blüten, Tillandsien und Purpurglöckchen.

Accessoire Tipp

So erkennen Sie Ihren Prinzen beim ersten Augenaufschlag. Trägt der Bräutigam am Revers eine kleine Spindel mit den Blüten, die auch Sie schmücken, darf er die Prinzessin wach küssen und zum Altar führen. Wenn Sie den Blumenschmuck so perfekt auf ein gemeinsames Thema abstimmen, gibt es für die Gäste keinen Zweifel: Sie gehören zusammen!

Dornröschen

Alle guten Wünsche der Feen werden wahr bei einer zauberhaften Hochzeit, die dem Märchenbuch entsprungen zu sein scheint. Und wenn sie nicht gestorben sind ...

Rosenzauber

Welche Blüte spricht mehr von Liebe als die Rose? Üppig, charmant, farbenfroh und unendlich romantisch gehört sie in den Strauß der romantischen Braut. La vie en rose!

← **Rosig** Mädchenhaft und liebenswert ist der Strauß, bei dem jede einzelne Rosenblüte in eine kleine Tüte aus Organzaband gehüllt wird. Der zarte Stoff und die üppigen Blüten verzaubern auch Prinzen.

→ **Pastell** Historische Rosen, wie die `Schloss Glücksburg` und zart duftiges Schleierkraut sind zu einem ganz nostalgischen Bukett auf einem Brautstraußhalter gesteckt. Für verträumte Bräute.

↓ **Spielball** Wenn Prinzessinnen spielen: An einem breiten Band hängt die Steckschaumkugel, auf die Polyantha-Rosen, gefüllte und englische Rosen gesteckt sind. Eine außergewöhnliche Alternative zum Strauß.

„Die Liebe ist eine Rose in uns. Sie schlägt ihre Wurzeln in den Augen, wenn sie dem Blick des Geliebten begegnet." Reiner Kunze

← **Mit Liebe** Außergewöhnliche Form, traditionelle Blüten: Große und kleine Rosen in den schönsten Farbtönen sind zu einem traumhaft duftenden Strauß gesteckt. Ein Brautschmuck für alle Sinne!

→ **Von Herzen** Rosen, Bouvardien und Zinnien sind zu einem Strauß gebunden, dem eine herzförmige Manschette einen liebenswerten Rahmen gibt.

Accessoire Tipp

Sie träumen von ausgefallenen Formen für Ihren Brautschmuck? Mit Steckschaum und Brautstraußhaltern ist für den Floristen fast alles möglich, was Ihnen vorschwebt. Zum Beispiel so ein herziges Täschchen, das mit Blüten statt mit Lippenstift und Puderdose gefüllt ist. Mit dem vielseitigen Schaum lässt sich Ihr Strauß auch problemlos den ganzen Tag frisch halten. Steckschaumformen wie Ringe, Herzen oder neutrale Motive lassen sich auch lackschonend auf der Kühlerhaube des Autos befestigen.

Herzenssache

Wer sein Herz verschenkt und auf Wolke Sieben schwebt, möchte, dass die ganze Welt sein Glück miterlebt – von ganzem Herzen!

Verwunschen
Leicht, duftig und ein bisschen verträumt –
so lieben es Romantikerinnen. Zarte Blautöne
versprechen ewige Treue.

Accessoire Tipp

Was steht einer romantischen Braut besser zu Gesicht als verspielte Blüten im Haar? Besonders gut geeignet sind kleine, widerstandsfähige Blüten, wie zum Beispiel die von Usambaraveilchen oder einzelne Blütenblätter wie die der Rose. Mit kleinen Klämmerchen oder extra zartem Myrtendraht lassen sie sich sicher in Locken und glattem Haar befestigen und überstehen leicht eine rauschende Ballnacht. Beraten Sie sich mit Ihrem Friseur und testen Sie die Traumfrisur vor dem großen Tag. Dann können Sie sicher sein, dass alles hält und Sie sich auch wohl fühlen.

←**Luftig** Locker und ein wenig zerzaust – fast wie für eine Windsbraut – sind die duftigen Wicken mit Gräsern, Asparagus, Salbeiblättern und Geranienblättern ganz verspielt gebunden. Kleine Perlchen, auf Draht gezogen, sorgen für schimmernde Akzente.

→**Natürlich** Wie frisch bei einem Spaziergang durch den Garten gepflückt, so kommt der Strauß aus zarten, fragilen Wicken daher. Die gedrehten Blüten werden umrahmt von grünen, gefiederten Blättern und von einem zartrosa Satinband zusammengehalten. Romantik pur!

Geschenke

Blühende Überraschungen! Fantasievoll verpackt, mit Blumen dekoriert und passend zum romantischen Anlass sorgen diese Geschenke dafür, dass das junge Paar sich noch lange an den schönsten Tag erinnert.

Für Topfgucker Besteckt mit weißen Rosen machen diese Edelstahltöpfe eine gute Figur, gekrönt von einem Schleierkrautkranz und einer dicken rosa Schleife.

Herzlichen Dank Die fleißigen Helfer, ohne die so ein Tag gar nicht möglich wäre, freuen sich über eine kleine Anerkennung. Wie wäre es mit einem Blütenherz, passend zum romantischen Stil der Feier?

Zum Wohle! Wertvolle Champagnerkelche auf einem Tablett: Mit fröhlich bunten Blumen wird ein bildschönes Geschenk daraus. Und ein Wink mit dem Zaunpfahl: Der edle Spender freut sich schon auf die nächste Einladung.

Durchblick Leicht und transparent ist die Verpackung eines Geschenkes, für das das Paar sich schon auf den ersten Blick bedanken kann: Durchsichtiger Kunststoff und zartes Chiffonband. Hier ist ein mit Trockenblättern bestecktes, duftendes Herz eingepackt.

Hochgestapelt Das gute Service soll aufgestockt werden? Mit duftigen Satinbändern und Schleierkrautkränzen machen die weißen Essteller auch beim Überreichen etwas her.

Alte Schachteln Was sich wohl in diesen romantischen Schachteln verbirgt? Von außen sind sie mit Tapete, Trockenblüten und Bändern aufgepeppt, und wenn sie kein Geschenk mehr beinhalten, kann man auch die gesammelte Hochzeitspost darin aufbewahren.

Tischblüten

Zauberhaft tafeln Zart, duftig und lieblich: Ein wahres Blumenmeer scheint der Tisch, an dem Braut und Bräutigam mit ihren Gästen gerne Platz nehmen. Üppige Arrangements aus kleinen pastellfarbenen Blüten, verspielte Serviettenideen und feine Organzabahnen begeistern die Gesellschaft mit nostalgischem Charme.

→ **Willkommen!** Viele kleine Blüten in zarten Farben wirken locker und verspielt. Stiefmütterchen, Tausendschön, kleine Röschen, Frauenmantel, Schleierkraut und Wachsblumen lassen die schlichten Schalen fast überquellen. Tischläufer aus Organza und zierliche Kerzen nehmen die Töne der Blumen wieder auf.

Millefleurs

Tausende von kleinen Blümchen ranken munter und verspielt auf der festlich geschmückten Tafel. Fast lassen sie einen Blütenteppich auf dem Tisch wachsen!

Millefleurs

Deko

Gönnen Sie jedem Gast eine eigene Blüte, dann ist er sofort verzaubert. Liebevolle Details machen den unwiderstehlichen Charme der Tischdekoration aus. Die weiße Damastserviette wird von einem Reif gehalten, für den fliederfarbene Perlchen auf Draht gezogen werden. Eine rosafarbene Tausendschönblüte grüßt jeden, der hier das Fest genießt.

← **Köstlich** Verspielt und romantisch bilden Tausendschön, Stiefmütterchen, Ranunkeln, Frauenmantel und Vergissmeinnicht kompakte Blütenkugeln. Auf nostalgischen Porzellantellern mit Fuß wirken sie besonders anmutig. Eine stimmungsvolle Dekoration, die zum festlichen Menü genauso gut passt wie zur süßen Hochzeitstorte.

← **Gefunkel** Ranunkeln verstecken sich hier in einem Gespinst aus Draht, transparenten, kleinen Perlen sowie Ranken. In funkelnden Sektflöten sind sie in Gruppen über den ganzen Tisch verteilt. Verborgenene und umsponnene Blüten verbreiten so überall auf der Festtafel märchenhafte Atmosphäre
→ **Versteckt** Fein umspinnen Zierdraht und Ranken die Blüten von Jasmin, Duftwicken, Maiglöckchen und Tausendschön, die in einem edlen Pokal stehen. Das geschliffene Glas sorgt für zauberhafte Lichteffekte.

„Arm in Arm mit dir. So fordre ich mein Jahrhundert in die Schranken."

Friedrich Schiller

Kristallwelt

Viele Male bricht sich das Licht im geschliffenen Kristall und funkelt mit den Augen der Braut um die Wette. Kleine Kerzen und Blüten scheinen sich ins Unendliche zu vervielfältigen.

Landpartie

Das schönste Schloss ist nichts gegen den strahlenden Sommerhimmel. Jetzt zieht die ganze Festgesellschaft auf eine Wiese!

← **Ranke** Die Girlande streckt die Festtagstafel optisch, und jeder Gast kann die frischen Sommerblüten genießen. Eine romantische und einladende Dekoration!
→ **Sommerwiese** Aus Clematis- und Knöterichranken scheinen bunte Sommerblumen wie Margerite und Wicke zu wachsen. Weil die Blüten in wassergefüllten Reagenzgläsern stecken, bleiben sie wunderbar frisch.
↓ **Gewickelt** Ländlich schlicht wird um die weißen Leinenservietten Drahtkordel gewickelt und mit grünem Gras ein Akzent gesetzt.

„Ehe – die wichtigste Entdeckungsreise, die der Mensch unternehmen kann." **Sören Kierkegaard**

Deko Tipp

Erleuchtung garantiert: Florale Windlichter können Sie auch in größerer Anzahl schnell selbst machen: Stellen Sie zwei unterschiedlich große Gläser ineinander und füllen Sie den Innenraum mit ein wenig Wasser, Gräsern, Blättern oder Blüten auf. Dann noch eine farblich passende Stumpenkerze in die Mitte stellen, fertig!

← **Ringtausch** Wer könnte da noch am Anlass des Festes zweifeln? Aus grünem Gras sind Ringe geformt und mit zartem Band an die Gartenstühle gebunden.

→ **Ehrenplätze** Hier sitzt das Brautpaar! Romantische Blüten weisen den Hauptpersonen den Weg. Clematisranken und Duftwicken sind auf Rebenbindegarn befestigt. Seidenbänder flattern im Sommerwind.

Landpartie

Alles Frisch Perfekte Formen und modernes Design verlangen frische Farben. Grün in allen Schattierungen betont kühlen Edelstahl, strahlendes Weiß und edle Hölzer. Von Grasgrün über Oliv bis zu Türkis oder Dunkelgrün erstreckt sich die Palette der Farbe der Hoffnung. Frühlingsfrische Aufbruchsstimmung zum Fest!

Modern Life

Reduziertes Design Wer mit beiden Beinen fest im Leben und im Alltag steht, genießt es, wenn den Augen Stille geboten wird. Moderne Paare möchten auch am Hochzeitstag ihren reduzierten Stil beibehalten. Statt üppiger Fülle genießen sie geradlinige, ruhige Formen und Farben. Das beruhigt die Sinne, beweist den Blick für Werte und bietet einen dekorativen Rahmen für einen Tag, an dem nur die Liebe zählt.

Brautblüten

Wie moderne Skulpturen wirken die Blüten, die die Braut mit Faible für Design für den Brautstrauß wählt. Calla, Anthurien oder Mohnkapseln sind regelrechte Kunstwerke der Natur und werden mit außergewöhnlichen Accessoires kombiniert. Das ist der Stoff, aus dem Stilikonen gemacht sind.

Solo für Zwei

Manchmal reicht eine ganz besondere Blüte, um die Braut zu schmücken: So nimmt die Anthurie den schnörkellosen Look des Hosenanzugs auf. Die Einzelblüte wird von einer Kugel aus Zierdraht gehalten, um die sich Perlen und die Blätter der Leuchterblume ranken.

Solo für Zwei

Dress Tipp

Das Outfit für den schönsten Tag im Leben muss nicht lang und weiß sein. Wer nicht von üppigen Roben, sondern vom puristischen Designerlook träumt, findet perfekt geschnittene Anzüge, weibliche Kostüme und klassische Etuikleider. Florale Accessoires, die ihren edlen Look betonen, sind ein Hingucker und unterstreichen Ihren Stil.

←**Scheibenweise** Als Pendant zum eleganten weißen Hosenanzug rückt eine extravagant dekorierte einzelne Gerbera die Braut in den Mittelpunkt des Festes. Die Blüte schwebt über einer Reihe von Perlmuttscheiben, um die Asparagusgrün, glänzender Schmuckdraht und Perlen ranken.

↓**Schlicht** aber wirkungsvoll: Leicht und zart schweben Gräser und kleine weiße Perlen, die auf Silberdraht aufgefädelt sind, um die stilvolle Callablüte. Gehalten wird das Arrangement von einer Kugel aus silbernem Draht. Für Bräute, die auf die Wirkung von klaren Linien setzen.

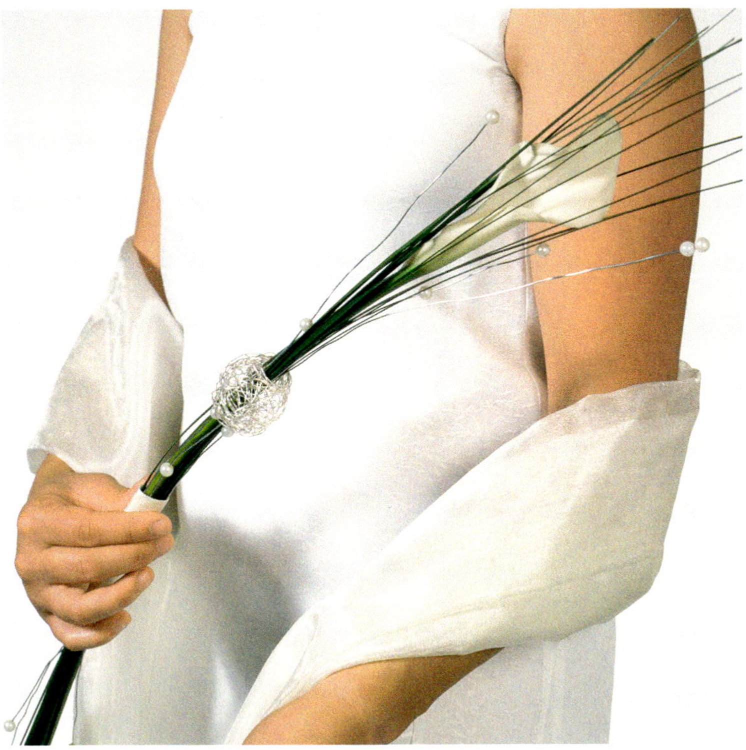

„Die Liebe allein versteht das Geheimnis, andere zu beschenken und dabei selbst reich zu werden.“

Clemens Brentano

← **Spritzig** Wie eine Fontäne schießen lange Gräser aus dem kompakt gebundenen Strauß, um dann in die Tiefe zu fließen. Dicht an dicht ist das Bukett aus Chrysanthemen gesteckt – natürlich in frischem Grün.
→ **Energiekick** Soviel frisches Grün in einem Strauß, das sprüht vor Festfreude. Spinnenchrysanthemen sind zu einem kompakten Strauß gebunden. Drumherum verleiht eine strahlenförmige Papiermanschette mit baumelnden Herzchen den passenden Rahmen.

„Früchte bringet das Leben dem Mann; doch hangen sie selten rot und lustig am Zweig, wie uns ein Apfel begrüßt.“
Johann Wolfgang von Goethe

Lebensfreude

So eine rauschende Hochzeit ist ganz schön anstrengend für die Braut und zehrt an den Kräften. Strahlen, glücklich sein, feiern, lachen und tanzen – Accessoires in vitalem Grün geben den perfekten Power-Kick!

Perlentaucher

Perfekt in ihrer harmonischen Form, edel schimmernd und wertvoll: Das Wunder Perle hätte kein Designer besser vollbringen können als die Natur. Das macht sie zum Highlight für stilbewusste Bräute.

Deko Tipp

Wünschen Sie sich ein Hochzeitsfest, das perfekt durchgestylt ist? Dann wiederholen Sie Details aus Ihrem Brautstrauß doch auch bei der Tischdeko. Die Perlen aus dem Strauß auf dieser Seite lassen sich zum Beispiel wunderbar auf der Tafel einsetzen. In geradlinigen Glasgefäßen mit Schwimmkerzen oder locker zwischen den Tellern verteilt – ein einfacher Trick mit toller Wirkung.

← **Ausgefallen** Nicht alltäglich sind die Materialien, die diesem Brautstrauß seine Wirkung verleihen: Grüne Mohnkapseln, bizarre Orchideenblüten und flauschige Fruchtstände vom Perückenstrauch. Dazwischen schimmern grüne Perlen und eine vergoldete Mohnkapsel glänzt.

→ **Für ihn!** Eine grüne Mohnkapsel schmückt das Revers des Bräutigams. Festlich wird's durch Blattsilber am Blütenstil und eine winzige Perle, die gleichzeitig den Anzug vor Flecken schützt.

← **Verbunden** Wie ineinander verschlungene Ringe sind Grannenlilienblätter miteinander verkettet und zu einem Brautbukett geformt. Kleine Perlen und Blattgold sorgen für festlichen Glanz. Das Kunstwerk wird mit einer vergoldeten Kugel gehalten.

→ **Nostalgisch** Die Golden Twenties sind wieder da, der fließende Armstrauß beweist es. Einzelne Calla sind in ein armdickes Bündel Gräser integriert, auf die edel schimmernde Perlen aufgefädelt sind. Wachs am Stielende versiegelt die Blüten gegen Austrocknen.

Dress Tipp

Nicht jeder Traumstrauß passt zu jeder Braut. Wenn Sie extravagante Mode lieben, gefällt Ihnen vielleicht ein außergewöhnliches Bukett, wie dieses tropfenförmige, das über und über mit Orchideen besetzt ist. Je genauer Ihr Florist über ihre Vorlieben Bescheid weiß, umso persönlicher wird das Ergebnis. Beschreiben Sie Ihr Kleid, Ihre Lieblingsfarbe und vor allem, in welchem Look sie vor den Altar treten wollen. Damit Sie sich rundum schön fühlen!

Schwungvoll

Mit Schwung in die Ehe. Sträuße, die an einen Tropfen oder einen Wasserfall erinnern, bezaubern durch ihre fließende Linie und Schnörkellosigkeit. Wertvolle und extravagante Blüten und Gräser beweisen ein sicheres Stilgefühl.

Autoschmuck

Die Ampeln stehen auf Grün für den Start ins Glück!

Ein edler Hightech-Schlitten verlangt nach modernem, extravaganten Schmuck, reduzierten Farben und außergewöhnlichen Formen. Modernste Technik unter der Motorhaube und Designer-Floristik obendrauf garantieren: Gute Fahrt in die gemeinsame Zukunft!

→ **Sicher** befestigt bei hoher Geschwindigkeit: Absolut lackschonende Saugnäpfe sorgen für den zuverlässigen Halt der Dekoration bei der rasanten Fahrt ins Eheleben.

Verschlungen

Ein dekorativer Teppich aus Typhablatt-Ringen breitet sich über der Motorhaube aus. Blühende Akzente setzen Calla-Blüten, deren Enden mit Schlagmetall vergoldet sind.

Tischblüten

Herzlich Willkommen an der Tafel der Avantgarde!

Einzelne Blüten statt üppiger Blumenbuketts, grafische Linien, innovatives Design und klare Formen werden zum Tischgespräch beim Festmenü. Für einen stilvollen Start ins gemeinsame Leben.

Musterhaft

Punkte, Streifen und Strukturen. Die Hochzeitstische des modern way of life schmücken sich mit grafischen Mustern und geometrischen Formen in Grün und Weiß. Edle Blüten und schlichte Accessoires gehören dazu.

Musterhaft

Deko *Tipp*

Statt zum traditionellen Sektempfang zu laden, können Sie auch bunte, fruchtige Cocktails reichen. Die passende Deko ist schnell gemacht: Hohe Gläser mit buntem Obst und Steckschaumwürfeln füllen, einen Strohhalm einstecken und mit exotischen Blüten dekorieren. Schon ist ein Hingucker mit Augenzwinkern für die Cocktailtische fertig.

← **Vielseitig** Grün-weiß dekorierte Kegel aus Steckschaum beweisen die Vielfältigkeit von Blättern und Gräsern und fungieren mal als Vase, mal als Kerzenständer. Schusterpalme, gestreifter Neuseelandflachs und verschiedene aufgesteckte Beeren sorgen für das frische Outfit und haben einen Kragen aus Grannenlilienblättern.

→ **Umschlungen** Ein Serviettenring aus Grannenlilienblättern ist ganz unkompiziert um Besteck und Serviette gewunden. Das Namensschild wird darunter geschoben, und schon findet jeder Gast auf den ersten Blick seinen Platz.

Frühlingsfreude

Ja-Sager im Frühling machen's wie die Natur: Optimistisch gestalten sie die Tafel mit den ersten Blüten, die sich ans Sonnenlicht wagen.

Deko Tipp

Die richtigen Blumen für die Tischdekoration sind nicht nur eine Frage der persönlichen Leidenschaft. Verzichten Sie auf alles, was allzu stark duftet, damit der Genuss am Menü nicht verloren geht – die Küchencrew wird es Ihnen danken. Hohe Arrangements immer neben den Gedecken oder an den Seiten des Tisches platzieren, damit Ihre Gäste sich auch sehen könnnen!

←**Schimmer** Glänzende Aussichten für die Ehe verheißen die versilberten Holzwürfel. Die Reagenzgläser, die darin Halt gefunden haben, sind mit französischen Tulpen gefüllt.
→**Frisch** Dezent und frühlingshaft zugleich flankieren die Blumen die Gedecke. Kleine weiße Kerzenwürfel wiederholen die geometrische Form in der Tischmitte und schaffen stimmungsvolles Licht.
↓**Grafisch** Grüne Akzente auch beim Serviettenschmuck: Die kunstvoll gefaltete Serviettenhaube ist mit einem kleinen Bündel Gras geschmückt, das von einer Büroklemme gehalten wird.

„Mancher findet sein Herz nicht eher, als bis er seinen Kopf verliert." **Friedrich Nietzsche**

←**Grazien** Gräser und Blüten recken sich in die Höhe auf diesem Tisch. Schlank und elegant schmücken Anthurien, Calla und Gräser die Tafel. Einzelnen Halmen sind mit Perlen kleine Highlights aufgesetzt. Eine Dekoration, die perfekt in jedes moderne Ambiente passt.

→**Gebündelt** Grashalme halten die Tischkarten der Gäste. Ein Band aus Walzblei sorgt für sicheren Halt und setzt einen optischen Akzent.

Deko Tipp

Serviettenschmuck mit Durchblick, passend zur edlen Grasdekoration, ist leicht selbst zu machen. Einige Halme Katzengras werden laminiert und dann die Folie in Höhe der Serviette abgeschnitten. Die Stoffservietten darin einrollen und anschließend beides mit einem weißen Bastband umwickeln. Eine Dekoidee, die natürlich auch mit anderen Blättern oder Blüten funktioniert.

Hoch hinaus

Schlanke, lange Gräser und elegante Blüten mit kühlem Metall kombiniert, geben auf dieser Festtagstafel den Ton an. Styling für Minimalisten!

Geschenke

Für Designbewusste Auf der Geschenkliste des Brautpaares stehen edle Küchenaccessoires in trendigem Design? Wertvolle Stücke, die im Haushalt zum Blickfang werden? Mit Blüten, Grün und Früchten verwandeln sich die Designklassiker auch auf dem Geschenktisch zu Highlights am Festtag.

Entsprechender Erfolg ist dem Hochzeitsgast sicher, der den Durchschlag aus Edelstahl so präsentiert. Clematis, Trauben, Weinranken und Weinblätter quellen üppig aus dem Designerstück, das hier wie eine Vase wirkt und später in der Küche seinen Dienst verrichtet.

Rosige Aussichten für Spaghetti und Tagliatelle. Bevor die al dente gekochten Teigwaren im blinkenden Sieb abtropfen und mit duftendem Pesto serviert werden, hält ihnen ein Gesteck aus Rosen und Rosmarin den Platz frei.

It's Teatime, Sir. Den Five-o'clock-Tea genießen frisch verheiratete Paare gerne statt aus Bone-China-Porzellan aus einer schlichten Edelstahlkanne. Verschenkt wird das schöne Stück mit einer Füllung aus silbergrauem Rosmarin.

Zuckersüß blitzen die kleinen Blüten der Gold- und -Silberchrysantheme aus der Zuckerdose. Der Deckel erlaubt Einblicke in die Füllung und verrät, ob noch genug Reserve da ist, um den Start in den Tag zu versüßen.

Stachelig, dieser Graskopf! Die extravagante Obstschale mit passendem Sieb, gefüllt mit grünen Gräsern, sitzt wie ein sympathischer, verstrubbelter Hausgenosse aus fremden Galaxien am gemeinsamen Tisch.

12
255-110
Dienstag
7
8

Service

Hochzeitsträume – Traumhochzeit! Einladungen, Gästelisten, Blumenschmuck, Anproben, Standesamttermine, wichtige Papiere: Es gibt Momente, da scheint dieser Festtag zu einer riesigen Organisationsaufgabe zu werden. Mit kühlem Kopf und guter Planung ist das aber gar kein Problem. Die Informationen und Tipps auf den nächsten Seiten sorgen dafür, dass das Fest reibungslos läuft und alle Träume in Erfüllung gehen.

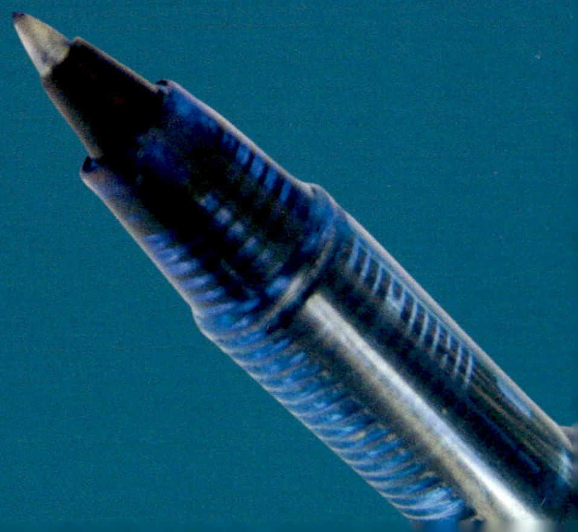

Das Timing

Sie haben „ja" gesagt, und die Aufregung steigt von Tag zu Tag? Hier finden Sie die wichtigsten Termine und Planungspunkte, damit sich der Vorbereitungsstress in Grenzen hält und Sie nichts Wichtiges vergessen. So wird der schönste Tag im Leben rundum gelingen!

Sechs Monate vorher

→ Noch ist Zeit für **Träume:** Malen Sie sich Ihren schönsten Tag aus. Wie wollen Sie heiraten: Kirchlich oder standesamtlich, ganz fein im kleinen Kreis oder in großer Runde?

→ Wie hoch ist Ihr **Budget?** Stellen Sie einen vorläufigen Kostenplan zusammen.

→ Wann ist der perfekte **Termin?** Fragen Sie die wichtigsten Gäste und beachten Sie Urlaubs- und Ferienzeiten.

→ Wer soll dabei sein? Jetzt ist Zeit für eine vorläufige **Gästeliste.**

→ Legen Sie die Papiere fürs **Standesamt** zurecht. Ein halbes Jahr vor Ihrem Wunschtermin können Sie sich – übrigens in jedem Standesamt der Bundesrepublik – anmelden.

→ Die **kirchliche Trauung** planen: Für den kirchlichen Segen benötigen Sie Ihren Taufschein, den es beim Taufpfarramt gibt. Trauzeugen brauchen Sie nur bei einer katholischen Zeremonie, aber auch in der evangelischen Kirche oder beim Standesamt dürfen Sie Freunde mit dieser Aufgabe betrauen.

→ Zwei Herzen im Dreivierteltakt- wie wär's mit einem **Tanzkurs,** der die perfekte Choreographie für den Brautwalzer garantiert?

→ Die Zeit der Testessen beginnt: Suchen sie ein **Restaurant** für die Feierlichkeiten und machen Sie vor der Reservierung auf jeden Fall mehrere Probeessen in unterschiedlichen Lokalen!

→ Sie möchten nicht im Restaurant feiern? Dann erkundigen Sie sich jetzt nach **Partyservice,** Hochzeitsveranstaltern und gegebenenfalls beim Zeltverleih.

→ **Musik** gehört dazu! Denken Sie darüber nach, ob in der Kirche oder bei der Party Künstler auftreten sollen oder Discjockeys gewünscht werden, und nehmen Sie Kontakt auf. Auch ein Feuerwerk oder den Auftritt eines Zauberers oder Clowns für die kleinen Gäste können Sie jetzt schon planen.

→ Wenn Sie nicht alles in professionelle Hände geben wollen, ist jetzt der Zeitpunkt, Freunde und Verwandte um **Mithilfe** zu bitten.

→ Für bleibende Erinnerungen: Wenn Sie Ihre Hochzeit verewigen wollen, können Sie jetzt mit **Fotografen** oder Videografen Kontakt aufnehmen.

Noch fünf Monate

→ Gehen Sie auf die Suche nach Ihrem **Traumkleid,** denn manche Roben haben lange Lieferzeiten. Vielleicht finden Sie auch schon die passenden Accessoires, wie Schleier, Schuhe, Dessous, Tasche.

→ Überprüfen Sie die **Gästeliste:** Wer kommt zum Polterabend, zum Sektempfang und wer ist beim Essen dabei?

→ Lassen Sie sich von Druckereien beraten, wie **Einladungen,** Menükarten, Tischkarten und Danksagungskarten aussehen können und planen Sie diesen Punkt in Ihrem Budget mit ein.

Noch vier Monate

→ Jetzt wird es Zeit, den **Bräutigam** auszustaffieren: Suchen Sie gemeinsam einen Anzug und dazu passend Weste, Krawatte, Hemd und Schuhe. Natürlich sollte sein Outfit zu Ihrem Brautkleid passen.

→ Für Brautpaare gibt es **Sonderurlaub:** Fragen Sie beim Arbeitgeber nach, und tragen Sie Ihre Urlaubstage ein.

→ Wo wollen Sie **flittern?** Jetzt ist der perfekte Zeitpunkt, Ihre Traumreise zu buchen.

→ Was wünschen Sie sich? Eine **Geschenkliste,** bei einem Fachgeschäft oder lieben Angehörigen deponiert, lässt Wünsche wahr werden.

Noch drei Monate

→ Haben Sie schon Ihre **Trauringe?** Bei einem romantischen Shopping-Bummel werden Sie sicher fündig.

→ Möchten Sie Ihre **Hochzeitsnacht** im Hotel verbringen? Dann buchen Sie jetzt eine Suite und denken Sie auch an Zimmer für auswärtige Gäste.

→ Wird es **Blumenkinder** oder **Brautjungfern** geben? Wenn Sie besondere Wünsche an deren Kleidung haben, sollten Sie sich an den Kosten beteiligen.

→ Ein **Ehevertrag** kann Sie vor möglichen Sorgen in der Zukunft bewahren. Lassen Sie sich von einem Anwalt oder einem Notar beraten. Ein Ehevertrag ist aber auch jederzeit während der Ehe möglich.

→ **Einladungskarten,** am besten mit Wegbeschreibung und Antwortkarten, sollten jetzt in den Briefkasten.

Noch zwei Monate

→ Besprechen Sie mit dem **Pfarrer** alle Dinge, die die mit der kirchlichen Zeremonie zu tun haben: Blumenschmuck, Trauspruch, Fürbitten, Musik. Darf während der Trauung fotografiert werden?

→ Stichwort **Flitterwochen:** Benötigen Sie Impfungen, sind die Reisepässe gültig?

Noch ein Monat

→ Entwerfen Sie ein **Programm für die kirchliche Trauung** und lassen Sie es drucken.

→ Der **Beauty-Countdown** läuft: Probetermine für Hochzeitsfrisur und Make-up machen, eventuell ins Sonnenstudio gehen.

→ **Blumenschmuck** planen: Ein Florist, dessen Stil Ihnen gefällt, berät Sie gerne über Brautstrauß, Tischschmuck, Autoschmuck und Accessoires für Bräutigam, Blumenkinder und Brautjungfern sowie die Kirchendekoration.

→ Überprüfen Sie zwischendurch immer mal wieder Ihr **Budget!**

Papiere für Ja-Sager:

- **Abstammungsurkunde oder beglaubigte Abschrift des Familienbuches (nicht mit dem Stammbuch verwechseln!) der Eltern beider Partner vom Standesamt.**
- **Aufenthaltsbescheinigung (beim Einwohnermeldeamt).**
- **Personalausweis oder Reisepass.**
- **Bei Ausländern: Nachweis der Staatsbürgerschaft.**
- **Partner, die geschieden oder verwitwet sind, benötigen eine beglau bigte Abschrift oder einen Auszug aus dem Familienbuch der voran gegangenen Ehen beziehungsweise frühere Heiratsurkunde und rechts kräftige Scheidungsurteile.**
- **Ist einer der Partner adoptiert oder hat selbst schon Kinder, benötigen Sie weitere Unterlagen, nach denen Sie am besten im jeweiligen Standesamt fragen.**

→ Wer liefert die **Hochzeitstorte?** Suchen Sie die traditionelle Leckerei aus und bestellen Sie sie.

→ Im **Restaurant** können Sie jetzt genau das Menü und die Getränke bestellen und den Tischschmuck besprechen.

→ Wie kommen Ihre Gäste von der Kirche an den Ort der Feier? Wie wär's mit einem fröhlichen **Hochzeitskonvoi?**

→ Besorgen Sie ein **Gästebuch** für den großen Tag. Vielleicht macht jemand Polaroids von allen Gästen?

→ Legen Sie schon jetzt eine Liste an für alle **Geschenke,** Blumengrüße und liebe Glückwunschkarten – damit Sie später niemanden vergessen!

Noch zwei Wochen

→ Planen Sie die **Tischordnung!**

→ Bei der örtlichen Zeitung können Sie eine **Hochzeitsanzeige** aufgeben.

→ Für ein schmerzfreies Fest: Laufen Sie jeden Abend eine halbe Stunde Ihre **Hochzeitsschuhe** ein.

→ Probieren Sie noch einmal das **Brautkleid** an: Vielleicht haben Sie im Vorbereitungsstress abgenommen – jetzt können Sie noch Änderungen vornehmen lassen.

→ Besorgen Sie **kleine Aufmerksamkeiten** für die Blumenkinder und alle lieben Helfer.

→ Laden Sie die Nachbarn zum **Polterabend** ein.

Noch 1 Woche

→ Auch der Bräutigam muss noch zum **Friseur!**

→ Checken Sie die **Gästeliste** und geben Sie die genauen Menüzahlen ans Restaurant weiter.

Noch einmal schlafen

→ Packen Sie den Koffer für die **Hochzeitsreise.**

→ In die **Handtasche** der Braut gehören Ersatzstrümpfe, Kopfschmerztabletten, Make-up, Nähzeug und Trinkgeld.

→ **Ringe** und Papiere bereitlegen.

→ Gönnen Sie sich ein **entspannendes Bad** und ein gemeinsames Glas Champagner!

Nach der Hochzeit

→ Jetzt ist es Zeit, die **Danksagungskarten** auf den Weg zu bringen. Ein paar persönliche Sätze und Fotos von Ihrem großen Tag machen Freude!

Tischordnung

Wer sitzt neben wem? Keiner kennt Ihre Gäste so gut sie Sie: Mit ein bisschen Diplomatie und Kenntnissen über die Vorlieben, Hobbies und Abneigungen Ihrer Gäste ist es kein Problem, Ihre Lieben so zu platzieren, dass es für alle ein unterhaltsamer und unvergesslich schöner Tag wird.

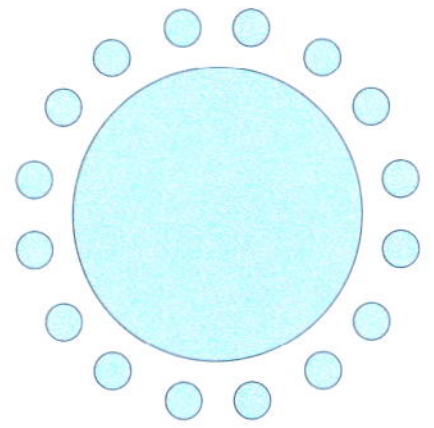

Runde Tischform Besonders für eine kleine Gesellschaft günstig. Links neben dem Bräutigam nehmen Brautmutter und Brautvater Platz, neben der Braut sitzen der Vater des Bräutigams und seine Mutter. Dann schließen sich die Trauzeugen an. Die Plätze des Hochzeitspaares können auch ganz besonders geschmückt sein. Tischkarten, die von beiden Seiten beschriftet sind, erleichtern die Kommunikation für Gäste, die sich noch nicht kennen.

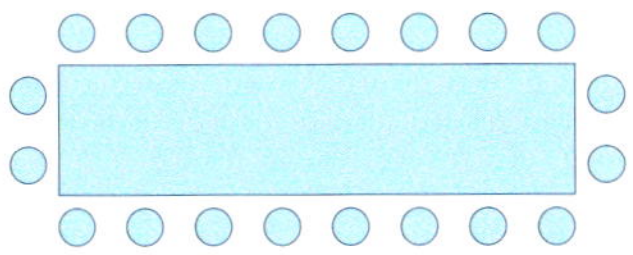

Rechteckige Tischform An der Mitte der Längsseite nimmt das Brautpaar Platz, rechts und links folgen die Eltern und Trauzeugen (s.o.). Generell gilt: Je wichtiger die Gäste sind, desto näher sollten sie neben den Hauptpersonen sitzen. Kinder sind gerne unter sich: Vielleicht gibt es die Möglichkeit für einen separaten Tisch, in dessen Nähe Mal- und Spielutensilien auf die Kids warten. Und eine liebe Helferin, die an diesem festlichen Tag die Kleinen ein wenig betreut.

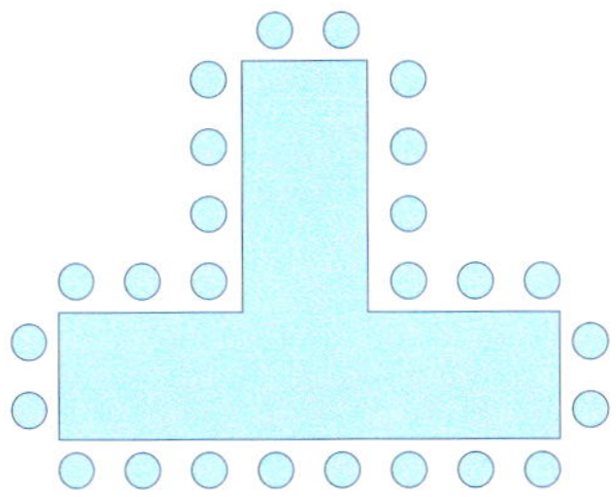

Tisch in T-Form Größere Gesellschaften fühlen sich auch an dieser Tischform wohl. Das Brautpaar sitzt in der Mitte der Längsseite des Tisches und wird so von allen Gästen gesehen. Kommt nach der kirchlichen Trauung der Pfarrer oder die Pfarrerin zum Fest, sitzt er ganz in der Nähe der Hauptpersonen. Alle Gäste platzieren Sie so, dass immer eine Dame neben einem Herren sitzt, Paare allerdings nicht nebeneinander sondern gegenüber.

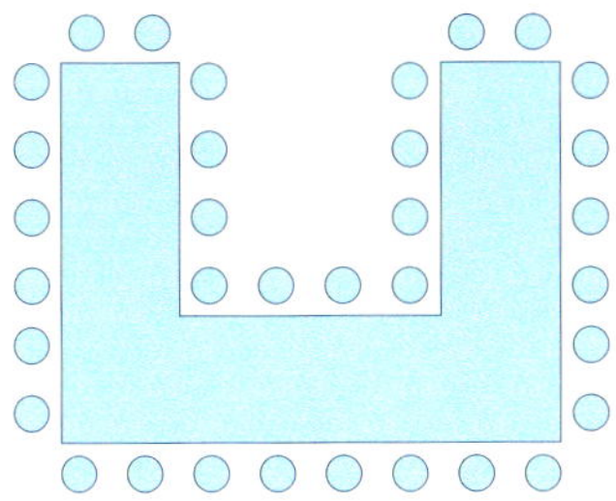

Tisch in U-Form Der Blick des Hochzeitspaares auf die Gäste ist bei dieser Sitzordnung perfekt. Wie bei der T-Form sitzt es in der Mitte der Längsseite. Allerdings wendet sich ein Teil der Gäste den Rücken zu. Möchten Sie Freundeskreis oder die beiden Familien nicht unbedingt gemischt setzen, ist das eine gute Lösung. Achten Sie darauf, dass ältere Gäste nicht zu nah an der lauten Musik oder einem unruhigen Durchgang sitzen.

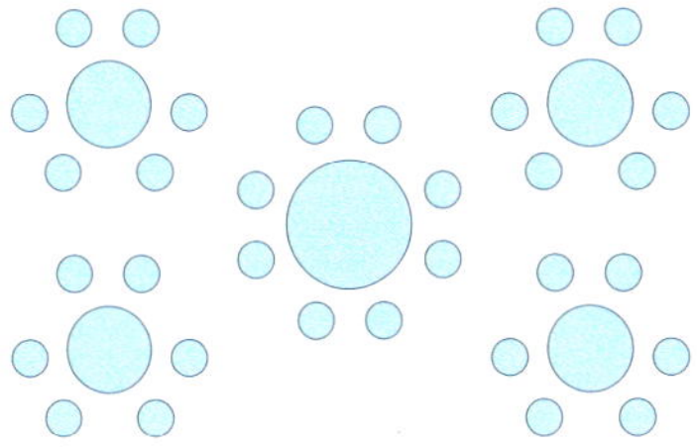

Einzeltische Je größer die Gesellschaft und die Räumlichkeiten sind, desto mehr bieten sich Einzeltische an. An einem zentralen Tisch nehmen Hochzeitspaar, Eltern und Trauzeugen Platz (s.o.). Die anderen Tafeln können thematisch (Sportsfreunde, Kunstkenner, Gartenliebhaber...) oder nach der Beziehung zum Brautpaar besetzt werden (seine Freunde, ihre Freunde, seine Verwandten, ihre Verwandten, gemeinsame Freunde). Sechs bis acht Gäste passen an einen Tisch.

Straußformen

Die Qual der Wahl Wie soll er nur aussehen, der Strauß für den schönsten Tag im Leben? Nie wieder werden Sie der Auswahl eines Blumenbuketts so viel Aufmerksamkeit schenken. Neben der Entscheidung für die schönsten Blüten, sorgt auch die optimale Form dafür, dass dieses Accessoire perfekt zur Braut passt.

Runde Form Oft erinnern sie an einen Biedermeierstrauß, die kuppelartigen bis kugeligen Formen, die entweder streng, mit klaren Konturen und nur einer Blütenart, oder verspielt und fast ein wenig romantisch gemixt sein können. Da sie klein sind, passen sie besonders gut zu kurzen, schlichten Brautkleidern oder sogar zu sportlicher Garderobe. Häufig wird diese Form zu standesamtlichen Trauungen gewählt.

Tropfenform Ob streng symmetrisch gebunden oder ausufernd und asymmetrisch: Ein tropfenförmiger Strauß ist ein wunderschönes Pendant zu einem üppigen, fließenden Brautkleid, Reifröcken und Schleppen. Besonders großen Frauen steht diese Form, die an einen umgedrehten Tropfen erinnert. Noch ausladender ist ein Strauß in Wasserfallform.

Bogenform Ähnlich der Tropfenform, jedoch beidseitig ausschwingend oder abfließend, passt die Bogenform zu festlichen, ausladenden Kleidern. Ist sie klein

Solitärstrauß

Herzform

Zepter und Spindel

und kompakt gearbeitet, kann man sie aber auch zu schmaleren Kleidern kombinieren. Gehalten wird der Strauß, der auf einen Brautstraußhalter gearbeitet ist, entweder mittig oder etwas asymmetrisch versetzt.

Solitärstrauß Eine besonders edle Variante und der perfekte Begleiter zum Designer-Hosenanzug ist der Solitärbrautstrauß. Eine einzelne, besonders wirkungsvolle und extravagante Blüte wird mit floralen Accessoires, Draht, Perlen oder ähnlichem zu einem echten Eyecatcher verarbeitet. Symbolisch verweist er auf die Braut: Du bist einzigartig!

Herzform Romantische Naturen kommen sofort ins schwärmen, wenn Sie einen Brautstrauß in Herzform auswählen. Er kann in eine herzförmige Manschette gebunden oder auf Basis eines Brautstraußhalters gesteckt sein. Er passt besonders gut zu jungen Bräuten.

Zepter und Spindel Märchen werden wahr: Wenn Sie Ihren Traumprinzen gefunden haben und ihm ganz im verträumten Look Ihr Ja-Wort geben wollen, ist vielleicht diese Form die richtige. Auf einen Stab, der gleichzeitig als Halter dient, werden die Blüten mit Hilfe von Draht gebunden.

Blumensprache

Mehr als 1000 Worte sagen Blumen – wählen Sie die richtigen Blüten aus, um aus Ihrem Brautstrauß mehr zu machen als ein modisches Accessoire: eine duftende, blühende Liebeserklärung!

In einem Brautstrauß ist die **Tulpe (1)** am ehesten im Frühling zu finden. Dem Bräutigam sagt sie: „In meiner Liebe zu dir fühle ich mich wie im siebten Himmel!"

„Er liebt mich, er liebt mich nicht...!" Diese Frage ist längst geklärt, wenn die **Margerite (2)** den Brautstrauß schmückt. Die Orakelblume wirkt unschuldig, unkompliziert und fröhlich.

Das zartblaue **Vergissmeinnicht (3)** trägt seine Bedeutung schon im Namen. Wer das romantische Blümchen in den Brautstrauß bindet, zeigt: „Ich denke an dich!" und verspricht zärtliche Erinnerung, wenn das Paar kurzfristig getrennte Wege gehen muss.

Die elegante **Calla (4)** entsprang – der Sage nach – den Tränen, die Eva vergoss, als sie aus dem Paradies vertrieben wurde. Heute gilt sie als Sinnbild weiblicher Schönheit.

„Wenn der weiße **Flieder (5)** wieder blüht", sangen unsere Großeltern. Beginnende Liebe bedeuten die violetten Blumen, Unschuld und nostalgische Erinnerungen die weißen.

Rosen (6) sind die klassischen Blumen der Liebe, und jeder kennt auch ihre Dornen. In Rot bedeuten sie: „Du hast mein Herz gewonnen", in Rosa: „Ich liebe dich zärtlich."

Die **Lilie (7)** betört mit ihrem Duft. Die Blume, die der Göttin Hera geweiht ist, strahlt Reinheit und Unschuld aus.

Ruhmeskrone (8) heißt das auffällige Liliengewächs. Es steht für die Vereinigung zweier Liebender. Am Hochzeitstag weist die Blüte auf die Rolle der Braut hin: „Du bist die Königin des Tages."